多逢聖因　人と交わってこそ

語り　須田精一

目次

本書は秋田魁新報の聞き書き連載「シリーズ時代を語る」（二〇二三年九月十六日～十月三十一日）を一冊にまとめたものです。一部を加筆・修正しました。

（聞き手＝斎藤純一）

はじめに　多くの人と関わって

「多逢聖因《たほうしょういん》」という言葉がある。地蔵本願経の教えで、良い人と交わると知らず知らず良い結果に恵まれるという意味だ。この言葉が好きで、会社のロビーにも書をかけている。偉い人でも物おじせず、多くの人と関わろうと心がけてきた。それが自分を高めることだと信じて、いろんなグループや勉強会もつくった。そうやって築いた人脈に助けられたことは数知れない。

東京でのサラリーマン生活を経て昭和四十四（一九六九）年、父が起こした電子部品製造の由利工業に入った。秋田の製造業の脆弱《ぜいじゃく》さを痛感し、事業の拡大を目指した。若者の定着や地域振興につながると思ったからだ。

県内各地にグループ会社を立ち上げ、海外にも現地法人をつくった。多いときには約十社、海外を合わせた従業員数は三千人に上った。好不況が繰り返される中でグループ全体の技術を磨き、基板実装や産業機械製造なども手がけ、雇用維持に努めてきた。

六十一年には業界団体の秋田県電子工業振興協議会（電振協）を設立。幹事長、会長を務めた。会員企業が切磋琢磨《せっさたくま》し、技術水準を高める一助になったと思う。

県内の若手経営者たちで「21委員会」を結成したのは平成三（一九九一）年。人口減少や所得の低迷にあえぐ秋田を何とかしようと積極的に提言し、行動に移した。十三年に行われた第六回ワールドゲームズ（WG）では招致段階からメンバーとともに奔走した。これまでやってきたことの中で、電振協と21委員会の活動は双璧をなす。

小学生の時に英語が好きになり、ラジオ講座などで猛勉強した。人生における強力な武器となった。そうした若い頃のエピソードも含め、電子工業界と秋田の発展のため行動を続けてきた日々を語りたい。

由利工業ロビーに掲げた「多逢聖因」の書の前で＝令和5（2023）年7月

■ 穏やかな少年時代

疎開先の本荘で育つ

昭和十六（一九四一）年七月五日、東京都品川区荏原中延《えばらなかのぶ》で生まれた。太平洋戦争直前の何となく慌ただしい時代に生を受けた。

父の浩《ひろし》は小出《こいで》村（現にかほ市）寺田出身で、江戸時代からの造り酒屋の次男坊であった。商業学校卒業後は秋田銀行本荘支店に勤務していた。東京電気化学工業（現ＴＤＫ）に勧誘されて十二年に上京、新設の蒲田工場で経理を担当するようになった。

自分が三歳ぐらいの時、父は南方に召集された。残された家族は母テルの実家がある本荘町（現由利本荘市）谷地町に疎開した。その頃の記憶はほとんどないが、集団で疎開した時に乗った列車の、すし詰めの混みようは忘れられない。母の実家には長く居候することになる。

戦争中、記憶にあるのは空襲警報が鳴り、祖父の指示で幼児から大人まで十人ぐらいで何度も裏庭の防空壕《ごう》に急いだことだ。夜ならばいろりに灰汁《あく》をかけ火を消す。電灯やロウソクは厳禁で周囲は真っ暗闇だった。

ドーン、ドーンという音が聞こえることもあった。後で分かったのだが、三陸の軍艦の艦砲射撃の音だったようだ。それと土崎の空襲…。昼も夜も北の空が赤く染まっていた。幼い子どもには不思議な光景だった。

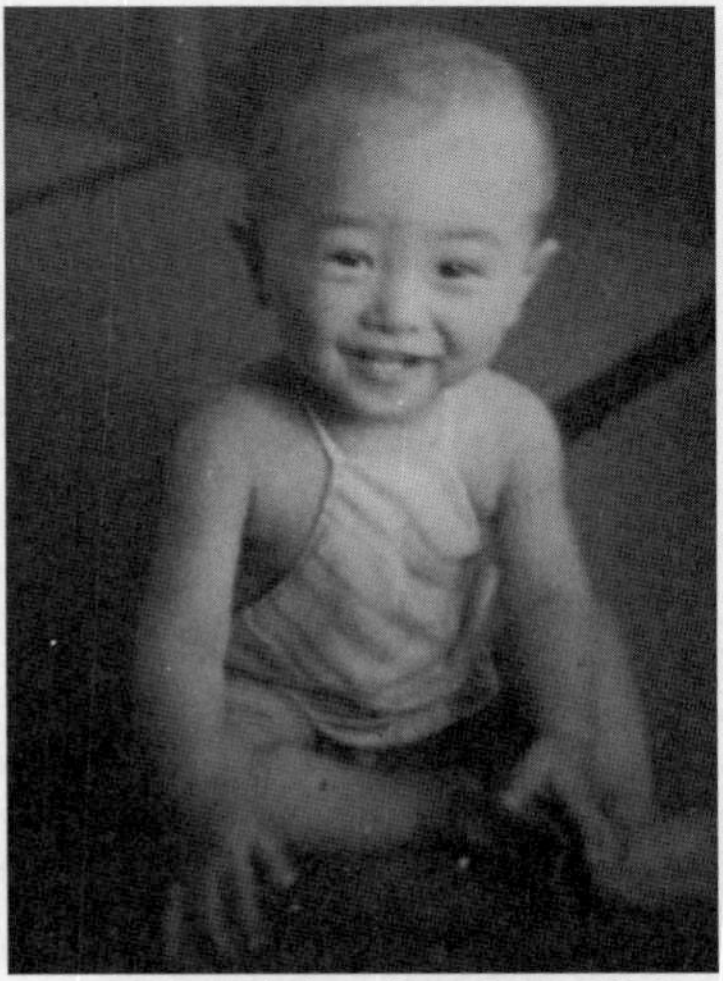
昭和16年、東京・荏原中延で生まれた

敗戦直後は進駐軍が、本田仲町《ほんたなかまち》にあった本荘高等女学校（現由利高校）の校舎でキャンプを張り、警察と同じようなことをしていた。物資が極端に少ない時代。米軍のジープの巡回時はキャラメルやチョコレートをねだり、「プリーズ、ギブミー」の単語を覚えた。

父が戦地からやっと帰り、貧しいながら一家そろっての生活が始まった。父はＴＤＫに復職、毎日汽車で平沢工場に通勤していた。面倒見の良い性格から、常に来客や飲み屋での宴会があり、よく続くものだと家族はあきれていたなあ。

自分は鶴舞西小学校（現鶴舞小）、本荘中学校（現本荘北中）、本荘高校と進んだ。本荘での十五年間は安穏な生活だった。

宣教師に英語教わる

小学生の頃から英語が好きだった。近くに住んでいたアメリカ人宣教師ラルフ・T・パーマー夫妻に、とてもかわいがってもらった。夫妻はいろいろ英語で話しかけてくれた。戦後間もない時期、アメリカ人によくしてもらうのは大きなインパクトだった。英語が好きになった理由だろう。

もっと英語がうまくなりたいと中学生の頃、仲のいい友達と一緒に、本荘高校の英語の先生に家庭教師になってくれとお願いした。文法もきちんと覚えたいと思い、授業で習うような内容も含めて教えてくれと。意外にも歓迎してもらい、先生のアパートに週二回通った。

めきめきと上達し、中学時代は県の英語弁論大会で優勝。英語劇で白雪姫の王子様の役などをやらせてもらったこともある。本荘高校に入ってからも、その先生に英語を習った。

英語はこれからの世界語になるとの思いを強くした。

英語力はその後、ビジネスでも、さまざまな活動でも非常に役立った。今はドイツ語もスペイン語もフランス語も話す。だいぶ適当ではあるが。

自分が中学生だった昭和三十（一九五五）年、父の浩は電子部品の磁器コンデンサーを製造する由利工業という会社の初代社長になった。それまで勤めていた東京電気化学工業（現TDK）が、独立した一企業として西目村（現由利本荘市）に生産拠点をつくることになり、その経営を任されたのだった。

四十坪（約百三十二平方メートル）の工場に従業員三十人ぐらいの船出。創業当初は資金繰りに苦

創業当時の由利工業社屋＝昭和30年

労したようだ。売り上げが伸びなくても従業員の給与を優先しなければならない。そのため、わが家の生活は苦しかった。

社長とはいえ、しばらくは母テルの実家での居候生活が続いた。父は家にいてもちゃぶ台で一生懸命に何かを計算していた。母は四人の子どもを産み育てた。器用な人で、和裁の内職をして家計を支えていた。

「体を大きく」と猛特訓

本荘高校を卒業し、東海大学工学部経営工学科に進学するため上京した。昭和三十五（一九六〇）年三月である。経営工学科を選んだ理由は特段ないが、まだ新しい学科で、自分たちで歴史をつくってやろうという気概はあった。

代々木キャンパスの中庭に道場があり、柔道部や空手部などの運動部はそこで練習した。自分は合気道部に所属。体重五十キロそこそこのひょろっとした体格が嫌で、体を大きくしようと猛特訓に励んだ。

折り畳みの椅子を用意し体勢をいろいろ変えて、腕立て伏せ五十回を一日三セットこなした。これが体づくりの第一歩と、誰が何と言おうと続けた。

ウエートリフティングもやろうと、友達と割り勘で中古の鉄のシャフトを買った。シャフトの両端につけるプレート（重り）は買う金がなく、自分たちで作った。

和手拭いと導線で型を作り、そこに練ったセメントを流し込む。セメントが固まってから手拭いを外せば、重さ二十キロのプレートの出来上がりだ。

プレートを二つ用意し、スクワットと上腕二頭筋を鍛えるカールを一日五十回のノルマでやった思い出がある。手作りのプレートは練習中に落下しても壊れなかった。

入学したのがローマオリンピックの年で、三宅義信さんが重量挙げで銀メダルを獲得した。三宅さんは四年後の東京オリンピックでも金メダル最有力候補として脚光を浴びていた。

大学の合気道部の練習は月に十一回あったが、仲間とじゃれ合う時間の方が長かった。本来の合気道部より、他部の連中と仲が良かった。

肉体の鍛錬に励んだ大学時代(左)。入学当初は細かった＝昭和35年

鍛錬の結果、体力だけは抜群につき、体重は三年間で八十キロになった。と言っても、ビフテキやすき焼きを毎日食っていたわけではない。一杯で五十円という西新宿のラーメンの屋台によく行ったものだった。

父急逝、母が社長継ぐ

昭和三十（一九五五）年に西目村（現由利本荘市）で創業した電子部品製造の由利工業。神武景気、なべ底不況、岩戸景気など経済の浮き沈みに左右されながらも、初代社長の父・浩は生産設備を増強し、従業員も増やしてきた。テレビや小型、軽量のトランジスタラジオの普及も追い風になったようだ。

広く従業員を集めようと、八十人定員の女子寮を整備。三棟の木造平屋建てだった。「工場はものをつくるだけではない。人をつくる場でもある」とよく話していた父は人材育成に熱心だった。授業料を負担するなどして、中卒の寮生を会社向かいにある西目農業高校（現西目高校）定時制に通わせた。

由利工業は東京電気化学工業（現ＴＤＫ）の協力工場としてスタートした。大学進学で上京した自分は、父からＴＤＫ創始者の斎藤憲三さんにあいさつに行けと言われていた。

東京タワー近くのご自宅を訪ねたとき、うな丼二杯をごちそうになったことを覚えている。

その父が三十六年十月、脳卒中で急逝した。享年五十。自分が大学二年の時だった。本荘由利のバレーボール協会会長だった父は、十月八日に秋田市の八橋陸上競技場で開かれた秋田国体の開会式に出席したそうだ。亡くなったのはそのわずか二日後のことだった。

実はその何日か前、仕事で上京した父が訪ねてきて、下宿で一緒にすき焼きを食った。父は元気そのものだった。「亡くなった。家に帰れ」の電報が届いたときは信じられなかったよ。

葬式の喪主は自分が務めた。父は由利高校バレーボール部の面倒を見ていて、生徒たちが大勢来て焼香してくれた。

設立から六年。労務管理から技術管理まで全てを指揮するリーダーを失った由利工業はまさ

由利工業を創業した父・浩＝昭和30年

に存続の危機にあった。従業員と自分たち家族の将来を思い、母テルは一切の責任と苦労を引き受けると決心。二代目社長に就いたのは葬式の翌日だった。

■ 東京での青春

米兵を招いてコンパ

昭和三十九（一九六四）年の東京オリンピックが近づくにつれ、都内では外国人を見かけることが増えた。中には素行不良の連中もいた。

特に大学近くの渋谷のハチ公像前には不良外国人が集まった。日本の女性の服装もモダナイズされて様変わりしたためか、声をかけられ連れていかれる姿を何回も目にしたものだ。今でいうナンパだ。

それが血気盛んなわれわれ運動部員には頭にくる。自分が得意の英語で飲みに行こうと不良外国人たちに誘いをかけ、小路に連れていく。程なく空手部、ウエートリフティング部、柔道部の仲間がやって来て「態度が悪い」と懲らしめる。もちろん素手で、道具は使わない。

褒められた話ではないが、こういうことを何度もやっていると度胸もつくし、逃げ足も速くなる。だが、警察官に見つかり、警察署に一晩泊まったこともあった。

東海大の一年後輩に柴田康雄君がいた。カナダ・バンクーバーに住んで五十年になり、今でも付き合いがある。カナダでは電子部品関連会社の副社長も務めた。

ある日、柴田君の横須賀の実家に運動部員が集まってコンパ（懇親会）をやった。一週間の休暇でベトナムから日本に来ていた米兵を五、六人招いた。銃を携えて戦いに明け暮れる、こちらも血気盛んな若者たちだ。

米海軍関係者のための酒保（売店）はBXという。そこでは何でも安く売っていた。日本製品は免税だ。普通は基地の中にあるものだが、横須賀は外にあった。日本人は入れない。BXの近くでうろうろしている米兵

海外の電子機器展「ＣＥショー」で柴田君（左）と＝昭和59年

に一緒に飲もうと声をかけたんだ。

米兵には二十四本入りの缶ビール十ケースぐらいをＢＸから買ってきてもらった。つまみはコンビーフやスティックチーズが多かった。柴田君はギターがうまく、裏声を利かせたカントリーで大いに盛り上がった。

海岸で大騒ぎ、警察へ

米兵を招いたコンパは総勢十五人ほどのどんちゃん騒ぎとなった。逗子海岸に会場を移し、プレスリーの歌を歌ったり、ラテン系の米兵が踊ったり。みんな上半身は裸だ。

そのうち、海岸にいた地元の悪ガキたちとボクシングのまね事が始まった。米兵の一人はプロに近い腕前。三、四分で四、五人をノックアウトした。見物人の輪がだんだん大きくなり、最後にはパトカーがやって来て、警官十人ほどに取り囲まれてしまった。

けんか両成敗でそこでお開きになるはずだったが、われわれ日本人は葉山の御用邸隣の警察署に一晩留置された。米兵たちはＭＰ（憲兵）が連れて帰っていった。

身分を証明するものが何もなく、誰か保証してくれる人を呼べということになった。さて困った。みんな学生だが、学校に連絡する気にもならない。

そこで思い出したのが、アルバイト先の英字新聞「朝日イブニングニュース」社の販売課長。連絡を取って来てもらった。自分は当時そこで、朝日新聞のコラム「天声人語」の英訳などをしていた。

課長は温和な人で「須田君が入っていれば、そういうこともあるよな」と言ってくれた。騒ぎは一件落着となった。

バイトは幾つもかけ持ちしていた。米軍関係者や原宿近辺の外国人の邸宅の窓拭き、床磨き、洗車…。外国人と関係がある仕事が多かった。コーラを飲んで、ハンバーグを食いたかったこともあるが、英語を話すチャンスと捉えて何でもやった。外国人と話ができるだけで楽しかったなあ。

米軍関係者には朝日イブニングニュースを売り込んだ。「日本にいる間は読んだ方がいいよ。日本のことがよく分かるから。一カ月でいいから取ってくれ」と頼んだ。契約すればコミッション（歩合の報酬）がもらえる。難儀はしたが、本当に稼がせてもらった。

海水浴客でにぎわう逗子海岸。乱闘騒ぎの舞台となった（2019年撮影、写真提供：共同通信社）

「模範解答事件」で謝罪

大学時代は金を稼ぐことに懸命だった。学費や生活費は当然必要だが、大部分は学生同士や英語が縁で知り合った外国人との付き合いに使った。食事をするにも酒を飲むにも金はかかるが、いろんな人と交わることが自分を磨き、高めることになる。

苦々しい思い出がある。「模範解答事件」だ。

東海大学の入試では、試験開始から三十分後に問題が父兄控室に張り出される。それを素早く書き写し、試験終了までに解答を作成する。

メンバーは東大や早大の仲間たちだ。得意教科を聞いて、担当を決める。別室で解答を書かせた後、自治会室の輪転機で印刷。模範解答として玄関の横で一教科三十円、二教科なら五十円と値段をつけて売るんだ。

父兄や試験を終えたばかりの受験生に好評だった。答え合わせに役立つからだ。入試はわずか二日間だが、もうかった。仲間へのバイト料も弾むことができた。

だが四年の時、事件が起きた。答えが間違っていると、解答を買った人から大学に苦情が寄せられたんだ。全部正解ならいいが、半分ぐらいしか合ってない教科もあった。短時間でつくるのだから無理もないのだが。

それまでも大学から怒られるたびに謝っていたが、あの時はそれでは済まなかった。新聞に謝罪広告を出せと言われた。バイト先の英字新聞の会社は朝日新聞の系列。頼み込んで格安で朝日に謝罪広告を載せた。もちろん首謀者の自分の名前でだ。

失敗もあったが、この通り、人を使って何

役員を務めた東海大同窓会の会合で（右端）。大学とは卒業後もつながりが深い。中央は同大創立者で総長だった松前重義さん＝平成元（1989）年ごろ

かをするのは昔から得意だった。自分にできないことはできる人にやらせる。後に父が起こした会社を経営することになるが、経営者にとって人を生かすことは重要な資質だ。物事は一人じゃできない。

大学の卒業が近づき、卒業論文を出す時期となった。ここでも人を使うことになる。

バイト雇い卒論作成

大学の卒業論文のテーマを「PCS（パンチカードシステム）による同窓会名簿事務処理の合理化」と決めた。当時、プログラミングで何か創造できないかと考えていた。ただ、卒業直前で間に合うかどうか。留年も覚悟していた。

同窓会員のデータを検索するプログラムだ。名前や生年月日、出身地、出身学科など名簿の情報を専用のカードに記録し、カードリーダー（読み取り機）にかければ、すぐに該当者を割り出せる。仮に名前が分からなくても他の情報で探せる。会員が十万人、二十万人いても短時間で検索可能だ。

具体的には、穿孔機《せんこう》でカードに穴を開ける。穴は、例えば出身地が北海道なら「００」、青森なら「０１」といった具合に記号化してパンチする。カードリーダーが穴を感知して識別。カードには整理番号が振ってあり、番号で原本を見つけられる。

カードは大学の先輩がいるＩＢＭに提供してもらった。穿孔機、カードリーダーの試作品も作った。

アイデアは考えたが、自分でやるのは面倒だ。そこでプログラミングに明るい仲間三人を雇った。アルバイト料は二十万円。少し高かったが、自分もバイトが忙しくて時間がなかった。それまで稼いだ金を充てた。自分にできないことはできる人にやらせる、である。

いよいよ卒業だ。学業成績のみであれば無理だっただろう。講義にも真面目に出ていたわけではないが、不思議と主任教授や助教授と仲が良かった。

その助教授がニューヨークに留学すること

社会人になってからは仕事部屋に大学の卒業証書を掲示していた＝昭和45年ごろ

になった。英会話になじむために東京在住のアメリカ人の家に三カ月ぐらい下宿したいというので、すぐに調布在住で知り合いのアメリカ人を紹介したことがある。

こうした付き合いも無事卒業できた一因かもしれない。ビジネス、あるいはいろんなチャレンジをする中で、人脈の重要性は何度も実感することになる。

在日米大使館で働く

東海大学工学部経営工学科を昭和三十九（一九六四）年に卒業したが、就職先は決まっていなかった。なにせアルバイトが忙しくて講義にはあまり出ておらず、留年を覚悟していたくらいだ。

卒業後しばらくは学生生活の延長で、外国人の邸宅の掃除や窓拭き、英訳などのバイトを続けていた。

在日アメリカ大使館の仕事もあった。商務省のエレクトロニクス平和利用展とか、農務省のアメリカ農業科学製品・特製品展示会とか、アメリカの企業の展示会、商談会を大使館が主催するんだ。スポーツレジャー用品展ではサーフボードを初めて見た。会場はいつも東京・虎ノ門近くの明産溜池ビル。東京ビッグサイトや千葉県の幕張メッセが完成したのは、さらに後のことだった。

開催前には日本のマスコミを招いて会見を開く。記者会見は英語でプレス・コンファレンス。プレコンと言っていた。

例えば農業関係の展示会ではヘリコプターに装着する農薬散布機を紹介した。アメリカは当時もスケールの大きい農業だった。農業紙の記者や農協、商社などから三十人近くが来て、散布機メーカーのアメリカ人のオーナーや技術者が、これを日本に広めたいと説明するわけだ。

それを同時通訳するのが自分の仕事。身分的には大使館の嘱託職員だが、英語力を生かせると思ってバイト感覚でやっていた。通訳だけではなく会見の受付をしたり、出席者にコーヒーを出したりと、一人で何でもこなさなければならない。

東京都調布市のアメリカの友人宅で（右端）＝昭和41年ごろ

イベントは年に五回ほどあり、大使館の要請でスケジュールの調整もした。

バイト暮らしを続けていたある日、トリオ（現ＪＶＣケンウッド）が社員を募集していることを知り、入社試験を受けることにした。

トリオは当時、パイオニア、山水電気とともに「オーディオ御三家」と呼ばれ、アンプが強みの会社だった。受験したのはオーディオに興味があったのではない。採用される部署が外国部だったから。大使館同様、英語を生かせると思ったんだ。

トリオの社長目指す

昭和四十二（一九六七）年、トリオ（現ＪＶＣケンウッド）に入社した。外国部所属で、米軍関係者のための酒保（売店）に製品を納めるのが主な仕事だ。海軍や海兵隊、空軍は酒保をＢＸと、陸軍はＰＸと呼んでいた。

学生の頃、米兵と付き合いはあったが、日本人は酒保に入れなかった。まさか仕事で出入りすることになるとは。

製品は面白いように売れた。ベトナムから休暇で東京に来ている米兵たちは、家族一人一人に電化製品を送っていた。ベトナムに戻れば、あした死ぬかもしれないという人たちだ。生きているうちにプレゼントしたいという気持ちだったのだろう。

アジアの酒保を束ねている本部はハワイにあった。そこから買い付け担当のカーネル（大佐）が日本にやって来る時がある。接待しなければならないが、速やかに対応できるやつはなかなかいない。英語ができていろんなことに融通が利く自分は会社から非常に重宝がられた。

普段は会社から車一台を与えられて、東京、神奈川の米軍施設をセールスで回った。会社にはたまに顔を出せばいいので楽だった。ずるをして車を私用で使うこともあった。

青森の三沢や北海道の稚内など国内の米軍施設への出張もあり、ＢＸ、ＰＸが相手の仕事は充実していた。

急逝した父の後を継ぎ、母が二代目社長になった西目村（現由利本荘市）の由利工業のことは、長男として気にはなっていた。だが戻る気は全くなかった。

東京で腕を試したい―。進学で上京した時からずっとそう思っていた。入社してからはトリオの社長になること

米軍の酒保に出入りしたトリオ時代＝昭和42年

が目標となり、社内でも「将来、社長になる男」と目されていた。

令和五（二〇二三）年七月の大雨で、由利本荘市の被害を知ったトリオ時代の同期の竹川亮三君が見舞いのメールをくれた。東京・町田市在住の彼とは長く会ってないが、強烈な個性だった自分のことを覚えていたのかな。

母が限界、西目に帰る

トリオ（現ＪＶＣケンウッド）に就職し、アルバイトなどは辞めた。唯一続けていたのが、学生時代に始めたサラリーマン相手の英会話教室だった。代々木上原の六畳一間の自宅アパートで、マンツーマンで英会話を教えるんだ。本来なら役所に特殊学校の届け出が必要だったようだったが、それはしなかったから「ヤミ学校」だ。

生徒が増え、手狭になった。交通の便がいい杉並の永福町に、六畳二間の一軒家を借りることができた。もうトリオに就職していて、両方の収入で欲しいものはだいたい買えたなあ。

女性の事務員を雇い、電話応対とか入校の手続きとかを任せた。会社の残業で忙しいときなどは大いに助かった。会社の車で教室に行ったこともあり、ばれたときはだいぶ絞られた。会社員になっても相変わらず悪ガキだった。

この前、当時の生徒から手紙が届いた。アメリカのカリフォルニアでアメリカ人の医者と結婚した人で、息子も医者になった。教えた英語が少しは役に立ったようだ。近く来日するから会いたいという内容だった。

会社と英会話教室で忙しくしていた昭和四十三（一九六八）年、東京電気化学工業（現ＴＤＫ）から呼び出された。由利工業はＴＤＫの協力工場。初代社長の父はＴＤＫ出身で、何かと世話になっていた。要件は「田舎に帰って母親を助けろ」ということだった。

創業時三十人だった由利工業の従業員はその頃、二百人ぐらい。いざなぎ景気の中で、由利工業も増産態勢に入っていた。

経営に関しては素人の母が、組織を動かす心労は大

由利工業の式典であいさつする2代目社長の母テル＝昭和44年

変だったろう。社長の報酬は十分ではなく、生活費に充てるために和裁の内職も続けていた。自分は東京に出ていたが、父が亡くなってから母は一人で娘たちを育てた。体力の限界だったろう。母を助けなければならない。西目に帰る以外の選択肢はなかった。

社長を諦め「都落ち」

昭和四十四（一九六九）年三月、二十七歳の時にトリオ（現ＪＶＣケンウッド）を辞め、英会話教室も閉めた。トリオの社長になるという道を捨てざるを得ず、「都落ち」の気分である。

お別れにと、会社の同僚がトリオのレシーバー（ステレオ）一台をプレゼントしてくれた。当時は真空管からトランジスタへの移行期。二チャンネル、出力百六十ワットの最新型だ。今も会社の応接室に飾ってある。

杉並区永福町の一軒家の家財道具を処分し、自家用車のダットサン・ブルーバードにレシーバーと残った私物を詰め込み、早朝に出発。国道四号、十三号を一気に走り、夜には西目村（現由利本荘市）の実家に着くつもりだった。実家は由利工業隣でバラック建てのようだった。

ブルーバードは角張ったスタイル。四ドアで二十万キロ以上走ったポンコツだ。排気量は千百九十七cc。あの頃、二千ccを超える車など見ることはなかった。

栃木の那須高原近くで思わぬトラブルに見舞われた。スタビライザーが真ん中から折れてしまった。車体の傾きを抑える板状の部品だ。

困っていると道沿いの家々から人が集まってきた。布団とかこたつとかを車いっぱいに積んで東京から秋田の田舎へ帰るという若者を見て、何か事情があるんだろうと同情してくれたんだと思う。「うちにはジャッキがある」「うちはドリルがある」などといろいろ貸してくれた。

折れた部分の両側にドリルで穴を開け、そこにロープを通して、ガムテープでぐるぐる巻きにした。〝にわか修理工〟の頑張りで、何とか車は動いた。

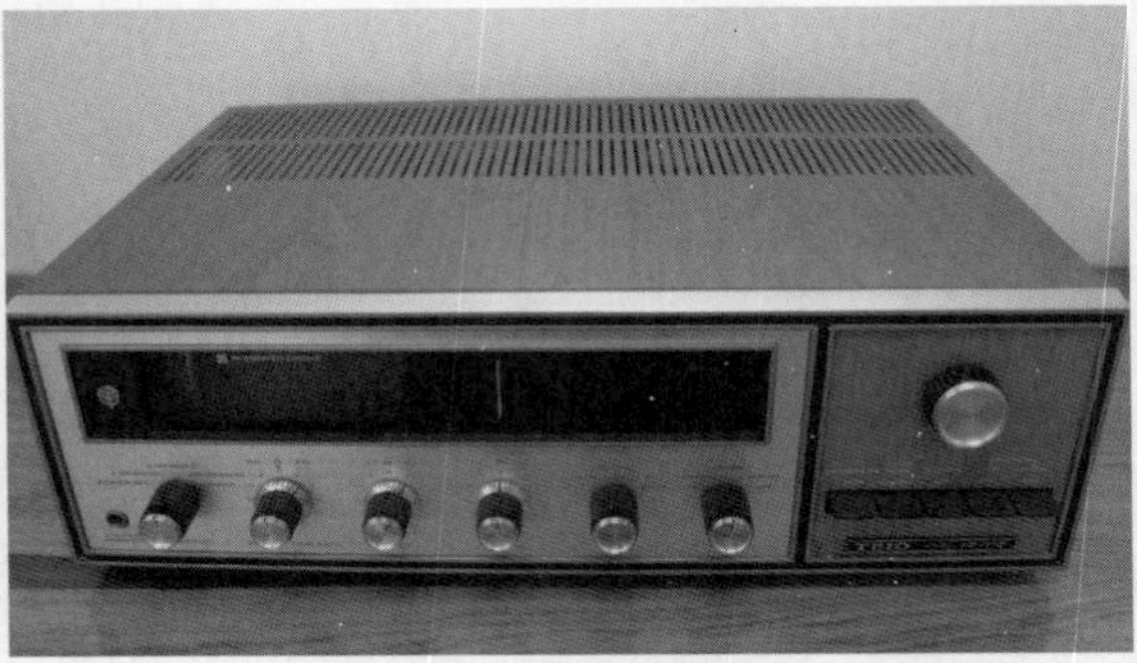

応接室のレシーバー

しかし、そろそろとしか走れず、後ろから何度もクラクションを鳴らされた。予定を変更してその日は山形の天童で一泊し、西目に着いたのは翌日の夜になってしまった。踏んだり蹴ったりの都落ちだった。

■企業経営の道に

工場長、実は社長代行

昭和四十四（一九六九）年に帰郷し、すぐに仁賀保町（現にかほ市）の東京電気化学工業（現ＴＤＫ）琴浦工場で研修を受けた。かつて父が工場長だった場所だ。由利工業と同じくコンデンサーを生産していて、特に品質管理について学んだ。

研修を終え、自分は由利工業工場長として経営に参画することになった。だが由利工業をこういう会社にしたいというビジョンなど何もなかった。

それでも会社を大きくしたかったんだろうな。増産に向けて設備投資をしようと翌四十五年、資本金を六百万円から二千万円に増資した。五百万円はＴＤＫに出してもらった。東京・内神田のＴＤＫ本社にいきなり行って、社長の素野《その》福次郎さんにお願いしたんだ。臆面もなくよく訪ねたものだ。

工場長といっても、実際は社長の母テルの代行みたいなものだった。資金繰りから労務管理から、何から何まで全部自分でやっていた。

車に乗って鳥海村（現由利本荘市）の川内《かわうち》、直根《ひたね》、笹子《じねご》や矢島町（同）に行って、人集めをしたこともある。「従業員募集」の看板を車の天井に載せて、車のスピーカーで「皆さんこんにちは。私は西目から参りました。西目ってご存じですか」と叫んだ。プロレス興行の宣伝みたいだ。寮を完備していることや、学費を会社が負担して西目農業高校（現西目高校）の定時制に入学できることなんかをＰＲした。

金を借りようと、銀行に行ったときのことは今も忘れられない。「担保もない、不動産もないのに金借りたいとはどういうことだ」と支店長にかなりきつく言われた。今に見ていろという気になったね。あの時の悔しさがばねになり、頑張れたことは確かだ。

四十五年にはＴＤＫ創始者の斎藤憲三さんが

由利工業の工場長に＝昭和45年ごろ

亡くなった。父の代から大変お世話になった方だ。わが社では朝礼で従業員一同が黙とうし、哀悼の意をささげた。

新工場完成、発展期す

由利工業の工場長になって間もない昭和四十五(一九七〇)年春、鉄骨スレート造りの新工場が完成した。創業十五周年のタイミングで、生産設備も増強した。

会社は花見や社員旅行、運動会などレクリエーションに力を入れ、従業員同士の仲もよかった。新工場完成を機に、社業発展へ全社が結束していた。

由利工業は電子部品のコンデンサーを製造する会社だ。コンデンサーには電気を蓄える「蓄電」、放出する「放電」などの機能がある。家電、通信、車、工場と、電気に関わるあらゆるモノ、場所で使われる。半導体と同じで、電子機器には欠かせない部品だ。需要が高まる電気自動車や風力発電、太陽光発電でも使われている。

由利工業は東京電気化学工業(現TDK)の協力工場として、TDKの求めに応じて部品を納品する。他社とは全く無縁だった。父の代からお世話になっていることもあり、あえてTDKオンリーにこだわってきた。

「特急品」と呼ぶ製品がある。通常、うちの部品はTDKに出荷され、それをTDKが自らのお得意さんに納める。だが時間がないときは、TDKの指示の下、うちが直接納めるんだ。電子部品は小さくて軽い。部下数人と部品をぎっしり詰めた段ボール箱を慎重に抱えて、寝台特急「日本海」に飛び乗ったこともある。工場長だが何でも屋でもある。

四十六年にニクソン・ショック、四十八年には第一次オイルショックの経済危機があった。工場長として突然襲ってくる減産にも対応しなければならなかった。従業員には不良品を少なくして歩留まりを上げることや個々の能力アップ、経費節減を呼びかけ、奮起を促した。

女性従業員たちとのスナップ

不安定な生産環境の中、由利工業が全国ＱＣ（Quality Control ＝品質管理）大会で努力賞を獲得した。製品の品質や労働環境を全社的に管理し、良品を納品するための工夫を競う大会だ。会社の実力が評価されたようで、あの時はうれしかった。

ＴＤＫ囲んで「春秋会」

由利工業に入社して間もなく、「ＭＳＤ会」なる勉強会をつくった。マネジャーズ・セルフ・ディベロップメント──。企業幹部の自己啓発が目的だ。メンバーは本荘・由利にある東京電気化学工業（現ＴＤＫ）協力工場の若手経営者ら七人。由利工業同様、当時は各社とも代替わりの時期を迎えていた。

「これからは従来の考え方ではなく、近代経営学を学ばなければならない」というＴＤＫ会長の山崎貞一さんの言葉を聞き、自分が呼びかけたんだ。

年に四回ぐらい集まった。やることは「ダベリング」。とりとめのないおしゃべりだ。そういう場で何を言うかで人となりが分かる。それぞれのバックグラウンドが違う。話を聞いていると、気付きや刺激があり、教わることもいっぱいある。

テーマを最初から与えるのではなく、いろんな発言からいろんな考えをくみ取ることが大事だと思っている。ＴＤＫの幹部を講師に招くこともあった。

集めた会費を預けたことで、銀行とのパイプができた。「由利工業のせがれは面白いことをするな」と、ＴＤＫにも注目された。目的の自己啓発ができたかどうかは定かでないが、会をつくって良かったと思っている。

発会式には山崎さんとＴＤＫ社長の素野福次郎さんも顔を出してくれた。二人そろって来るなんて、まずあり得ないこと。ダメ元で声をかけたら、思いがけず来てもらえた。

昭和五十（一九七五）年、ＭＳＤ会を前身とする「春秋会」が設立された。ＴＤＫの協力工場だけでなく、建設や資材など出入りする業者にも門

ＭＳＤ会の発会式（後列左端）。山崎さん（前列左から２人目）、素野さん（同３人目）を囲んで＝昭和44年

戸を広げた。こちらの目的はＴＤＫの発展、会員企業の業績向上だ。

年三回ほどの例会にはＴＤＫ本社から重役が来て、本社の近況や業績、今後の経営方針を報告してくれた。懇親会で名刺交換すれば人脈が広がる。会員にとって大きなメリットだ。自分は二代目の会長に就いて、もう二十年以上になる。

仲人は山崎貞一さん

妻の素子《もとこ》と結婚したのは昭和五十一(一九七六)年三月二十八日。自分が三十四歳の時だ。それまであまりに忙しく、相手を探す時間もなかった。

見合いから一年後に結婚。すぐに一緒になりたかったが、迎える準備が必要だった。なにせ西目の自宅は、中小企業の社長宅といっても、バラック建てのような建物。二歳違いと十歳違いの妹二人も同居していた。夫婦用に離れを増築した。五十二年に長男哲生《てつお》が、翌五十三年に次男浩生《ひろお》が生まれたが、子ども部屋もなかった。

安普請で洗濯機の重みで床が抜けたこともあった。子どもたちが四つ、五つになっても相変わらずのバラック建て。それでも妻は逃げずにいてくれた。

妻の実家は秋田市で、父親は秋田大学の教授、母親は県立農業短期大学(現県立大)の助教授。妻も聖霊女子短期大学の助手という先生一家だった。不作法で田舎者の自分に、両親ともども驚くことが多かったろう。

岳父は初孫誕生を機に六十五歳過ぎに運転免許証を取った。道路事情がよくなかったが、西目まで頻繁に足を運んでくれた。

生物学の高名な先生で、東京電気化学工業（現TDK）創始者の名を冠した斎藤憲三顕彰会の審査副委員長も務めた。理科研究への顕彰会の助成対象を選ぶため、岳父は県内各地を運転して回っていた。

ところで、結婚式の仲人はTDK会長の山崎貞一さんご夫妻だった。父の代からお世話になっていてお願いしたが、今思うとよく引き受けていただいた。

後日、山崎さんの希望で、山崎さんの傘寿を祝う会を秋田市で開くことになった。山崎さんの家族や静岡のご兄弟も招いた。平成元（一九八九）年八月と

妻が嫁いで来た頃のバラック建てのような西目の自宅

記憶している。自分は実行委員長で、司会もさせてもらった。翌日は炎天下、雄和町（現秋田市）で山崎家の人たちと二組でゴルフを楽しんだ。

山崎さんは大変喜ばれて、背広上下二着分のオーダー券をくれた。少しは恩返しになっただろうか。

JC活動、人脈広がる

昭和四十七（一九七二）年、本荘市（現由利本荘市）と当時の由利郡内の若手経済人を中心に、由利本荘青年会議所（JC）が設立された。自分は創立発起人の一人として携わった。当時、本荘由利の十一市町村に経済界の若手組織はなかった。

理事長だった五十六年、韓国・梁山《ヤンサン》JCと国際姉妹提携を結んだことが思い出深い。梁山は釜山《プサン》の北にある田舎だった。仕事を通じて親しくなった友人から紹介してもらった。ちなみにその友人は柔道六段、ベトナム戦争では韓国軍の中隊長で兵士を率いたという猛者だ。

本荘と梁山のJCは、子ども同士の交流を図る「日韓児童交流絵画コンテスト」などを続けてきた。後輩たちはよく頑張っていると思う。

全国組織の日本JCには医療、建設、米穀、水産など同じ業界の会員が集う職業別部会がある。企業の代表としてではなく個人参加だ。勤める会社はライバル関係や上下関係にあっても、会員同士は対等な関係で意見交換できるところがいい。

五十四年には自分が呼びかけて電子部品、電子機器の電機部会を立ち上げた。全国の仲間と情報交換すればビジネスチャンスも出てくるはずだ。秋田県内は製造業が少なく、仲間を多くつくりたかった。言い出しっぺとして初代部会長を一年間務めた。

部会を通じて経済同友会代表幹事を務めたウシオ電機の牛尾治朗さんや、東証一部（現プライム市場）上場の電子部品メーカー・昭和無線工業（現ＳＭＫ）社長の池田彰孝さんら大先輩と知り合うことができたのは大きな財産となった。

電機部会の広島出張のついでに宮島へ（右）＝昭和54年

部会の活動で各地を飛び回った。地元の企業経営者を招いて講演をしてもらい、懇親会では交流を深めた。

全国でも地元でも、ＪＣのおかげで人脈を広げられた。

三十五歳、由利工業社長に

帰郷して由利工業の工場長を続けているうち、秋田の製造業はあまりにもふがいないと感じるようになった。仕事で訪ねた愛知や三重、神奈川などとは大違いだ。

秋田県の人口は昭和三十一(一九五六)年の百三十五万人をピークに減っている。高度経済成長期には「金の卵」と呼ばれた中卒者がどんどん秋田を離れていった。由利工業も創業の三十年以来、社員集めには難儀していた。家電の組み立てはロボット化できるが、微細な電子部品は当時も今も人手に頼る部分が大きい。

なぜ製造業が大切なのか。屋根がかかった工場で製品を作るから天気を気にせず、オールシーズン、安定的に働くことができる。従業員には女性が多い。若い男女が同じ職場で働けば恋愛に発展することもある。

実際、由利工業で社内結婚は珍しくない。同じ日に三組の仲人をしたこともあるくらいだ。そして子どもが生まれれば家が必要になる。地域にはにぎわいが生まれるに違いない。一石二鳥どころではないメリットがある。

そんなことを考えていた。秋田は地理的に不利で、交通の便も悪い。ハンディがあるのは確かだ。だが、小さく軽い上に、収益性の高い電子部品なら勝負できる。大きい工場を県内各地につくりたいと心底思った。

五十二年五月の取締役会で由利工業社長の母テルが会長に選任され、自分が新社長となった。三十五歳の時だ。社長就任を機に「創造によって地域社会に貢献する」という社是を掲げた。

母の後を継ぎ、由利工業3代目社長に＝昭和52年

翌五十三年、積層セラミックチップコンデンサーの生産を始めた。小型で大容量のコンデンサーだ。改良され高性能化が進んでいる。今も由利工業のメインの製品だ。

社長になる二年前の昭和五十年、由利工業の所在地・西目村（現由利本荘市）は町制を施行し「西目町」となった。社長になった時、町発展のため産業振興、雇用創出にこれまで以上にまい進すると誓った。

趣味は会社づくり？

由利工業は電子部品製造の会社だ。もちろん部品は機械で作る。機械はメンテナンスが必要で、壊れれば直さなければならない。簡単なものなら必要な機械を自社で作ることもあった。機工課という部署が担当していた。

社外からも機械製作の依頼が増えてきた。このため機工課を分離独立させて昭和五十一（一九七六）年、秋田精工という会社を由利工業の敷地内につくった。

今では加工機械・装置の設計と製造、組み立て、据え付けを一貫して行っている。海外からのオファーもある。いつだったか、金属の塊を薄く均一にカットし、裏も表も端もきれいに磨く自動制御の機械を頼まれた。半導体を作るアメリカ・アリゾナの会社からだった。要望に応える大型機械を製造し、さらに提案していくには優秀な人材を確保しなければならない。

これを皮切りに、アクリル板に穴を開けて電子部品を取り付ける基板実装、部品を組み立てて完成品にするビデオデッキの一貫生産、チューナー製造などの会社を次々に立ち上げた。円高などの影響でインドネシア、フィリピン、ベトナムにも現地子会社を設立した。

最も多かった頃、由利工業グループと称された会社は、県内と海外を合わせると約十社を数えた。現在、秋田、大仙、横手にある三工場での基盤実装の個数は日本一だと思っている。

どの会社も取引先や現地の要望を受けて設立したのだが、まるで会社づくりが趣味といえる状況だった。精力的に会社を増やした結果、周りからは「須田は政治家になる気かな」と勘ぐられることもあったようだ。

グループの原点・由利工業はあえて部品にこだわり、

グループの原点である由利工業。現工場は昭和59年に完成

技術を磨いた。部品がなければ何も作れない。TDKだって部品会社だ。売上高二兆円は相当な努力の結果と確信する。由利工業はコンデンサーを作れるだけ作る一方、グループ会社にはそれぞれの分野で力を発揮させた。

テネシーで知人激励

由利工業とは別に、秋田精工をはじめとするグループ企業はいろんな物を作り、いろんなことができる。フリーハンドだ。ただしそれまでの付き合いから、ＴＤＫとの相談は欠かさなかった。

昭和五十六（一九八一）年、東芝のビデオデッキを生産するため、横手市に横手精工という会社をつくった。東芝のオファーに応えたもので、埼玉県深谷市の東芝の工場へ完成品を納めた。

実績が評価され、五十八年にはテレビ部品・偏向ヨーク製造のエーピーアイを協和町（現大仙市）に設立した。これも出荷先は深谷工場だった。東芝の工場長で同い年の池田宏さんには大変お世話になった。五十八年は東京電気化学工業が社名をＴＤＫと改称した年でもある。

六十二年、池田さんが東芝の現地法人の社長として赴任していたアメリカ・テネシーを訪ねた。テネシーの工場ではブラウン管テレビ「バズーカ」を大量に生産していた。だがココム違反事件を受けたアメリカ側の制裁のために、工場を動かせない時期だった。

〈昭和六十二年、東芝の子会社が対共産圏輸出調整委員会（ココム）の規制対象だった高性能の工作機械を旧ソ連に輸出していたことが発覚。工作機械は潜水艦のスクリュー製造に使われ「ソ連潜水艦の雑音が消え、急に静かになった」と指摘された〉

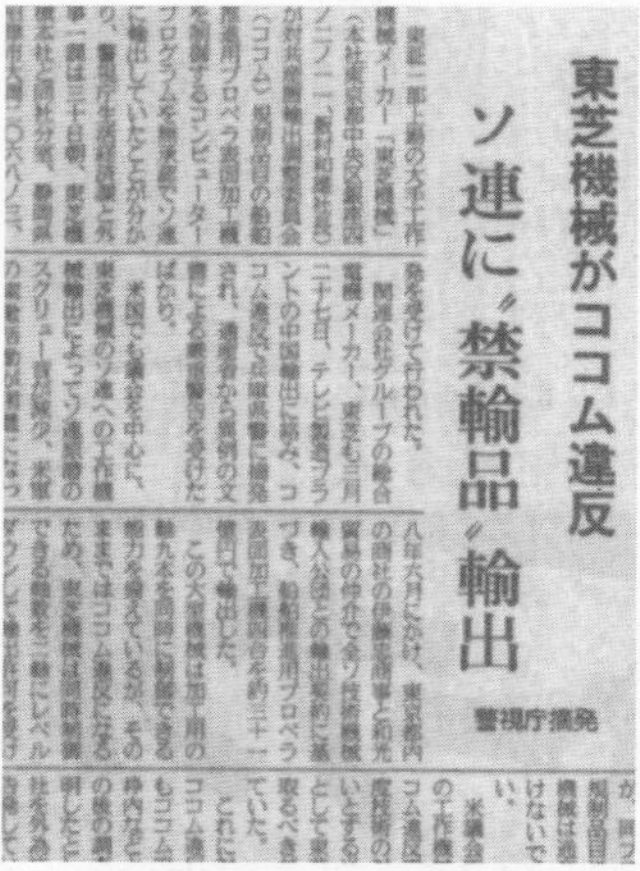
東芝機械がココム違反
ソ連に〝禁輸品〟輸出
警視庁摘発

ココム違反事件を伝える昭和62年5月1日付の秋田魁新報

テネシー訪問は激励のためだ。東芝に対するバッシングで、アメリカの下院議員らが東芝製品をハンマーで壊すなんてこともあった。気の毒だった。

テネシーの工場では二千人を超える従業員が働いていた。機械のメンテナンスや営業のために日本人のスタッフも五十人ぐらいいた。その人たちを招待して、日本食を振る舞った。

現地の一番大きい日本料理店に注文して、納豆やら豆腐やら日本の食べ物をかき集めてもらった。陣中見舞いは大いに受けた。池田さんも喜んでくれてよかった。

■ 業界発展目指して

電振協発足、幹事長に

秋田県電子工業振興協議会（電振協）が、昭和六十一（一九八六）年八月に発足した。日進月歩の時代。とりわけわれわれ電子工業界は変化のスピードが速い。関連企業が結束し、業界を振興させることが電振協の目的だ。

建設業とか機械金属とか、他の業界は団体をつくり、会員同士の情報交換や交流を図っていた。要望活動などを通じて行政とうまく連携しているようにも見えた。

電子工業界の企業の集まりはそれまでなかった。電子工業は生産額でも、雇用数でも秋田のトップ産業だと自負していたが、なんで団体がないんだろうと思っていた。そんなことを角館町（現仙北市）にあったアキタセキエレクトロニクス社長の赤《せき》宏昭さんたちとよく話した。

秋田のリーディング産業をさらに発展させるためにも、やはり団体が必要との思いを強くし、自分が設立を呼びかけた。「電子工業会」「電機工業会」などの意見もあったが、結局今の組織名に落ち着いた。

電子部品の製造、組み立て、電気機械製造、情報通信機器製造、精密機械製造—。電子工業はとにかく広い。電振協は県内八十五事業者でスタートした。学識者や金融機関のシンクタンクなど会の趣旨に賛同してくれる人も自由に参加できる組織とした。

初代会長をお願いしたのは、アキタ電子社長の佐藤興吾《こうご》さん。日立製作所の武蔵工場長や半導体事業部次長などの要職を経て転籍された方だ。若手経営者が学ぶことは多かった。

自分は幹事長として会長を支えることに徹した。

電振協の総会＝平成6（1994）年5月、秋田市

例会、総会、国内・海外視察、フォーラム開催、会員を対象にした景気動向調査など、電振協の事業は多様だ。幹事長の仕事も多かった。県庁の当時の工業振興課に足を運ぶことも増えた。今の知事、佐竹敬久《のりひさ》さんもその頃、工業振興課にいた。

人脈生かし産業視察

秋田県電子工業振興協議会（電振協）の事業の一つに年一回の産業視察がある。国内と海外を交互に実施している。

国内視察では、日本青年会議所の電機部会長だった頃のご縁も大いに役立った。部会長は一年限りの役職。自分は昭和五十四（一九七九）年からだったが、会員とは付き合いが続いている。

オムロンや九州松下電器、愛知のデンソーなどを訪ねた。普段は外部の人に見せないような最先端の工場を視察させてもらったこともある。みんな驚いて帰って来ることがほとんどだ。

中国、韓国、台湾、東南アジア、ヨーロッパ、アメリカ、オーストラリア、ロシアー。海外視察はこれまで十九回あった。訪問先は自分や電振協メンバーの人脈を使ってお願いする。

英語さえできれば大抵の国で話が通じる。会員には「みんな田舎者ばかりだから、少しは英語でビジネスしてみろ」と冗談交じりに視察参加を促している。

会員に海外進出や現地企業との提携をさせようとまで考えているわけではない。自分の会社をどうするかで精いっぱいだ。だが秋田にいては分からないことが、たくさんあるのは事実だ。

電子工業は世界相手の業界。大ざっぱにいえば大部分の会社が輸出で生きている。だから為替の変動とか、その国の政策の変動に敏感でなければならない。現地の人の暮らしぶりや制度の違いを実感するには、実際に訪れてみるのが一番だ。

平成11年の中欧視察。ハンガリーでは投資貿易振興庁幹部から外資導入に関する考え方を聞いた（右から2人目）

現地の電子・電機関係者、ＴＤＫをはじめとする日本企業の現地法人、大学などを訪ね、経済状況や技術水準などの把握に追われた。スケジュールはタイトで、出発前には勉強会もやった。

個人的には平成十八（二〇〇六）年のアメリカ視察が思い出深い。由利工業のグループ会社、秋田精工が納めた自動化機械がインテルの資料館の玄関に鎮座していたんだ。

業界のシンボル意識

平成十（一九九八）年、秋田県電子工業振興協議会（電振協）会長になった。昭和六十一（一九八六）年の設立時から幹事長として事業は把握していたから、就任に際して不安は全くなかった。

それでも幹事長と会長では周囲の見方が違う。紹介される時の肩書は「由利工業グループ代表」から「電振協会長」になった。いろんな審議会やシンポジウムに呼ばれたり、経済情勢についてマスコミからコメントを求められたりすることが増えた。

秋田の電子工業界の代表として、発言には気を使った。同じことについて話すにしても、一企業のトップとは内容がおのずと違ってくる。自分は業界のシンボルという気持ちを忘れないように振る舞った。

電振協の大きな目的は技術水準向上による業界の振興だ。技術革新が速い電子工業界では、誰でもどこでも作れるものは人件費が安い海外へシフトする。そうならないように、県産の技術を高めたかった。

会長就任の翌十一年には「高度化への挑戦」をスローガンに「経営ドック」を始めた。会員企業から高い技術や知識を持つ社員を推薦してもらい、その社員が会員企業に出向いて経営や技術に関して助言する。会員相互の協力による業界の発展が狙いだ。

アイデアを出したのはＴＤＫ顧問で電振協副会長の高橋哲生さん。ＴＤＫで技術畑を長く歩んだ人で、ドックの実施委員長をお願いした。高橋さんから生産技術を学んだ会員は数多い。

電振協を母体にした年金制度も創設した。別の業界では同じような年金が解散した例もあるようだが、今も続いていて、うちの会社の退職者からは感謝されてい

TPPの論点〈6〉

原料輸入コスト低下

県電子工業振興協議会会長
須田　精一さん（70）

電振協会長として臨んだインタビューの記事＝平成23年11月1日付秋田魁新報

る。年金基金の理事長を務めたが、ノーペイ（無給）のハードワークで結構大変だった。

電振協会長は十七年務めて退任し、今は名誉会長。幹事長、会長時代を通じた活動はライフワークのようなものだった。会員同士が切磋琢磨《せっさたくま》しながら運営できたと思っている。電振協をつくってよかった。

プロレスの興行主に

昔から体を鍛えることが好きだった。前にも話したように、大学の頃はセメントでプレート（重り）を作ってウエートリフティングに夢中になり、合気道部にも所属していた。

東京から秋田に帰ってきた昭和四十年代には、由利工業の寮で秋田県の重量挙げチームの強化合宿をしたことがある。メンバーには三十九（一九六四）年東京オリンピックで銅メダルを獲得した一ノ関史郎《しろう》さんもいた。チームは社会人の全国大会で三位になり、監督の自分が表彰状を受け取った。

県空手道連盟、日本空手協会県本部をはじめ、ウエートリフティング、アームレスリングなどの県組織でも役員をした。スポーツ振興は地域の活力に欠かせないものだと思っている。

格闘技も好きだ。実際にプロレスの興行をしたこともある。

ある日、本荘市（現由利本荘市）の食堂に入るとカウンターで一人で焼き肉を食っている人がいた。すごく腕が太い。

その人は、何とあのアニマル浜口さん。ボディービルダー出身のプロレスラーだ。プロレスラーにしては背は高くないが、座っているととにかく大きい。ほれぼれする肉体に、遠慮もせずに声をかけた。

自分はどんな人とも話が合うところがある。浜口さんとも意気投合。彼は「須田さん、プロレスの興行をやってみませんか」と言う。これも何かの縁と、すぐに乗った。なぜ本荘にいたのかはいまだに思い出せないが。

確か平成に入って間もない頃だと思う。本荘市水林の市民体育館でプロレス大会を開いた。二千人ぐ

プロレスの興行主としてリングで選手に花束を渡した（左）

らいは集まり、リングに上がって主催者のあいさつをした。移動にはタクシーを使ったが、アブドーラ・ザ・ブッチャーさんをはじめ、体が大きい選手たちは狭くて大変そうだった。体育館にはシャワー室がなく、試合後は市内の旅館を貸し切りにして風呂を使わせた。

この興行が縁で、韓国生まれのプロレスラー大木金太郎さんとも仲良くなった。韓国に行った時には会っていた。

■秋田活性化へ一歩

経済人らと21委員会

人口が減り、所得は低迷、商店は閉店し、町の中はくしの歯が欠けたように空き地が目立つ――。一体秋田はどうなってしまうんだろう。秋田全体を活性化するために、何かしなければならないという衝動に駆られていた。

そんな思いを県庁の工業振興課の職員に話したことがある。行政の審議会や委員会の委員を頼まれることが増えていた。産業界の代表としてだ。あの時も何かの会議で県庁に行ったんだと思う。

その職員は「須田さん、地域や職種にこだわらないで、横断的、縦断的な会をつくって、話し合ってみたらどうでしょう」と言う。そうだなと、早速知り合いに「どうだろう、そういう組織があってもいいんじゃないか」と電話で相談してみたんだ。

東光鉄工の虻川東雄《あぶかわさきお》さん、伊徳《いとく》の伊藤碩彦《ひろひこ》さん、大森建設の大森三四郎さん、秋田日産の三浦廣巳《ひろき》さん、秋田銀行の新開卓さん、佐野薬品の佐野元彦さん、タカヤナギの高柳恭侑《きょうゆう》さん、ヤマダフーズの山田清繁《せいはん》さん、丸臣高久建設の高久臣一さん…。同年代の経営者たちは面白そうだと賛成してくれた。

つくりたかったのは大胆な発想で秋田の活性化策を提言し、実際に行動する会だ。発起人代表として呼びかけ、平成三（一九九一）年二月に「21委員会」は発足した。経済人のほかにも、副知事の池田竹二郎さんや金融機関の関係者、弁護士、医師らが名を連ねた。設立総会では会長を仰せつかった。

二十一世紀直前。ふがいない現状を憂える一方で、いよいよ新世紀だという期待感も漂っていた。会の名前には明るい二十一世紀の秋田を実現するという願い

若手経営者らが集った21委員会の設立総会＝平成3年

を込めた。

委員会は辞めるも入るも自由。誰でもいい。入会金は百万円。退会するときに返す約束だ。会員は五十人近くいた。金利が高い頃は利息で活動費を賄うことができた。事務仕事は秋田市につくった自分の会社の従業員に手伝ってもらった。

動いた「物言う集団」

21委員会をつくった平成三（一九九一）年、秋田県の人口は百二十二万人。ピークは昭和三十一（一九五六）年の百三十五万人だ。三十五年で十三万人減った。

今ほどではないが、当時も人口は減少していた。それなのに危機感を口に出す人は少なかったと記憶している。問題意識を持っている人はもちろんいただろう。だが「問題」ではなく「課題」なんだ。「問題だ」と指摘するだけでは物事は解決しない。問題を課題として捉えて、対策を打つことが大事なんだ。

21委員会は秋田の課題を挙げて解決策を提言する「物言う集団」。書籍の発行やマスコミへのアピールで積極的に情報発信して、多くの人に何かやらなければと思ってもらうことが目的だ。結成に当たり自分が声をかけたのは同年代の若手経営者、いわば経済界のリーダーだが、各界の年配のリーダーたちも賛同してくれた。

元々黙っている性格ではない。もちろん言うからにはそれなりのことをしなければならない。自分は何か行動を起こせば何らかの結果が出るものだと思っている。何事に対してもアクティブだ。世の中には思っていても言わないやつがいる。そういうのは駄目だ。

21委員会の年四回の例会では毎回人を変えて、一人十分の持ち時間で思っていることをしゃべらせた。みんな喜んで持論を展開した。多種多様な業種、業界のリーダーたちだ。彼らの言葉に刺激を受けることは多かったな。

誰かが何かを言えば、それに呼応して「よし、やろう」という雰囲気が21委員会にはあった。自分が話すと不思議とみんなが協力してくれた。い

「未来の秋田」をテーマに21委員会が主催したシンポジウム＝平成6年、秋田市

いメンバーがそろった。

21委員会は提言とともに、第六回ワールドゲームズなどの実現のために積極的に行動した。シンポジウムも各地で開いた。活動を通して県民の認知度も高まってきたと感じるようになってきた。

ミネソタへ「21の翼」

平成四（一九九二）年、21委員会は国際交流事業「21の翼」を実施した。秋田青年会議所との共催で、県民三百四十五人がアメリカのミネソタ州を訪ねた。

当時、雄和町（現秋田市）にミネソタ州立大学機構秋田校があったのが縁となった。中高生が百四十五人、経済や文化交流の一般県民が二百人。総団長は副知事の池田竹二郎さんで、自分は団長だった。二十一世紀を担う中高生には、グローバルな視点を持ってほしかった。

訪問は夏休みの一週間。繁忙期の上、人数が多くて日本の航空会社は予約できず、アメリカの飛行機をチャーターしたんだ。機体は軍用機としても使われたマクドネル・ダグラス社（現ボーイング社）のDC10。アメリカの飛行機だから二往復することになる。秋田空港に迎えにくる時と、一行を秋田に送り届けた後は乗客なしのフライトだ。

アラスカ経由で十三時間。ミネソタのロチェスター空港に着くと横断幕で迎えられた。これだけの数の訪問団は珍しかったらしく、タラップを降りると全米ネットワークのテレビ局のインタビューを受けた。

本来なら池田さんが対応するところだが、ライブ中継で二分しか時間がないと言われ、英語が得意な自分が応じた。何を話したかはもう忘れてしまった。

ロチェスターの街を挙げて歓迎してもらった。子どもたちはホームステイ。片言でも外国人と意思疎通できたのはいい経験になっただろう。イベントでは大学生のボランティアの多さに驚いた。日本との大きな違いだ。雄和の秋田校に留学経験がある学生もいたなあ。

ロチェスター空港では横断幕で迎えられた＝平成４年

ミネソタの米日協会も全面的に協力してくれた。協会は日本語弁論大会を開いていると聞いた。大会名は「モンデール杯」。アメリカの副大統領、駐日大使などを歴任したウォルター・モンデールさんはミネソタ米日協会の名誉会長でもあった。大会の副賞に充ててほしいと、自分は毎年千ドルを寄付している。

本三冊で県民に提言

21世紀に向けて時代が激しく移り変わる中、われわれもダイナミックに変貌していかなければならない。そのために何が必要か――。

21委員会が産声を上げてから二年半、メンバーは侃々諤々《かんかんがくがく》の議論を交わしてきた。そして平成五（一九九三）年九月、ついに提言集を発刊した。タイトルはずばり『秋田をこう変えよう！』だ。

「秋田市を中心に一市八町が合併して五十万都市を実現」「食料生産、加工、流通の一貫体系を持った『食糧コンビナート』の創設」「挑戦者を育む風土の醸成」――。「三十のハウツー」と題して産業振興、交通、生活、人材育成など八つの分野で提言した。

さらに秋田の現状分析、「秋田はどうなる？」がテーマの有識者座談会、秋田に対する県外出身者の声などを収めた。四百ページ余りに熱い思いを詰め込んだ。

巻頭言は自分が書かせてもらった。安政の大獄で弾圧された幕末の志士・吉田松陰は、刑死に際し「あすに向かって立て」と決起を促したという。その「志」は伊藤博文ら弟子に受け継がれ、明治維新へとつながった。巻頭言で時代の革新は「志」によってなされると訴えた。

意識改革を含めて、県内に埋没している無気力なエネルギーをもっと有能なエネルギーに変えたいと、批判承知でまとめた提言集だ。とにかく県民に危機感を抱いて、行動に移してほしかった。

由利工業では補助を出して従業員たちに本を買わせた。上司が普段、何を考えているのか分かったんじゃないかな。

実は、提言集は秋田市の榮太楼旅館にメンバーが泊

3冊の提言集。合わせて1万5千部売れた

まり込んで、三日間ぐらいで一気に書き上げた。その前に資料は集めていたが、やろうと言ってやり切った能力はなかなかなものだ。

提言集はＰＡＲＴ２、ＰＡＲＴ３も刊行。よく三冊も出せたもんだ。三冊合わせて一万五千部も売れた。

ＷＧ実現へ東奔西走

県内若手経営者を中心に結成した21委員会。提言集『秋田をこう変えよう！』発刊をはじめ、国際交流事業「21の翼」の実施、シンポジウム開催などその積極的な行動で注目されるようになった。行動力を示した活動の一つが、平成十三（二〇〇一）年に秋田で開かれた第六回ワールドゲームズ（ＷＧ）だ。

「スポーツの面白い世界大会があるよ。秋田でやってみないか」。平成六年の終わりごろ、県内経済人にこう持ちかけたのは諸星裕《ゆたか》さん。諸星さんはこの年の秋までミネソタ州立大学機構秋田校の学長だった。彼はアメリカ人以上に英語がうまいという評判。英語好きな自分は親近感を持ち、個人的な付き合いがあった。

諸星さんの話は、秋田いすゞ社長の御牧《みまき》平八郎さんや秋田日産社長の三浦廣巳さん、佐野薬品社長の佐野元彦さんら21委員会のメンバーも聞いた。

オリンピック以外の競技を集めた「第二のオリンピック」と言われても、見たことも聞いたこともない。競技場や宿舎の新設は認めず、既存の施設を使うという厳格なルールがある。しかも主催する国際団体役員の交通費や宿泊費は開催地持ちだという。正直、相当ハードルが高そうだと思いながら聞いていた。

ところが21委員会のメンバーたちに火がついた。諸星さんの話を聞く前の平成五年に出した『秋田をこう変えよう!』では国際スポーツイベント開催も提言の一つだった。国際感覚を養うことが将来のまちづくり、活性化に欠かせないという考えだ。スポーツ王国復活には海外の指導者との交流が必要だということもあってスポーツイベントの招致を訴えていた。

周りの盛り上がりに乗せられた感もあるが、21委員

ワールドゲームズ招致へ向けた集まりで諸星さん(左)と

会の会長としてメンバーの意欲を形にしないわけにはいかない。招致委員会、準備委員会、組織委員会と、ワールドゲームズの秋田大会実現に向けた組織に関わり、メンバーと共に東奔西走することになる。

秋田代表しプレゼン

平成七（一九九五）年十二月、第六回ワールドゲームズ（ＷＧ）秋田大会開催に向けた招致委員会が発足した。委員長は秋田魁新報社社長の林善次郎さんに懇願して引き受けてもらった。自分は副委員長を拝命した。

だが、年が明けた一月の定例記者会見で佐々木喜久治《きくじ》知事が「民間の招致活動は消極的。県が無理して招致することはない」と発言。確かに県民の間には「そんな世界規模の大会を秋田でできるわけがない」という声があった。ほとんどの人がＷＧを知らないというのも事実だった。

知事発言を受けて、誘致に積極的だった池田竹二郎副知事が説得に当たった。招致委としても県議会のスポーツ振興議員連盟に支援を求めた。

招致委と県議会の要請を受ける形で、三月には知事が国際ワールドゲームズ協会（ＩＷ

ＧＡ）に対して立候補を表明した。

　本格的な招致活動のスタートだ。自分は秋田代表として、ＩＷＧＡへの受け入れ態勢の説明などを担当した。開催地決定までにはＷＧに関係する国際スポーツ団体へのプレゼンが結構あった。ここでも英語力が役に立った。

　そして十月、秋田開催が正式決定した。開催地として、世界最大級のスポーツ団体・国際スポーツ団体総連合（ＧＡＩＳＦ）の年次総会への出席が義務付けられた。秋田大会前年の十二年総会では自分が大会の準備状況を報告し、「ぜひ秋田に足を運んでほしい」と呼びかけた。

　ＩＷＧＡと協力関係にある国際オリンピック委員会（ＩＯＣ）の朝食会で秋田を紹介してほしいと

開催決定前にはIOCでもプレゼン（左端）。右端はスクリーンに映し出された映像

頼まれたこともある。会場に着いて呼ばれるのを待っていると驚いた。パトカー六台に護衛されて到着したのはIOCのサマランチ会長。その辺の大統領よりも力がある感じだった。本人は人のいい感じのおじさんに見えたが、スピーチの時はさすがに緊張した。

開会式で成功を確信

平成十三(二〇〇一)年八月十六日午後三時、秋田市八橋陸上競技場で第六回ワールドゲームズ(WG)の開会式が始まった。

ヘリが近づいてきたかと思うと、WG競技でもあるパラシューティングの精鋭三十人が、澄み渡る夏空から舞い降りた。一万人を超える観客はびっくりしたんじゃないかな。大きな拍手に大会の成功を確信した。

〈第六回WGは八月十六日から十一日間、秋田市など県内八市町村を会場に開かれた。九十三の国と地域から選手・役員四千五十四人が参加。三十一競技でトップ選手が世界一を争った。観客は関連イベントを含め三十万人に上った〉

幸先いいスタートだ。案の定、閉会式前日の二十五日まで連日の好天に恵まれた。自分が興味を持ったのは七人制ラグビー。国際団体の理事長とたまたま親しくなったことがきっかけだった。

いずれにせよ、アジア初のＷＧ。ライフセービングやフライングディスクなどあまりなじみがなかった競技を紹介するいい機会にもなった。

閉会式では、次の開催地のドイツ・デュイスブルク市から大会旗の引き継ぎに来ていた市長とハグしたことを覚えている。やっと終わったという感激でいっぱいだった。

期間中は西目の自宅には帰らず、ずっと秋田市泊まり。訳が分からないうちに過ぎた十一日間だった。大会組織委員会事務総長の三浦廣巳さんをはじめ、21委員会のメンバーには招致段階から無理をさせてしまったかなと反省している。

大会は大成功。関係者の方々には本当にお世話になっ

WG開会式。パラシューティングの精鋭が花を添えた

た。忘れてならないのはドーピング検査だ。検査の中心を担ったのは招致運動当初からの仲間で、山王整形外科医院院長の湊昭策《みなとしょうさく》さん。自分の病院よりもＷＧでの作業を懸命にやってくれた。感謝しかない。

第七回のデュイスブルク、第八回の台湾・高雄大会に招待してもらい、どちらも参加した。ＷＧの余韻はしばらく続いた。

■ 行動続けた日々

算数コンクール開催

21委員会の目標の一つは人材育成だ。将来を担う子どもたちがレベルアップすれば、秋田の活性化に資するはずだ。そこで行ったのが、小中学生を対象にした「算数・数学コンクール」。二日間で算数と数学の講習とテストを実施した。

メンバーはそれぞれ仕事を抱えていて、21委員会の事業に専念できるわけではない。人材育成なんて大それたことかもしれないが、何かをせずにはいられなかった。提言書の第一弾を出版した後と記憶しているから、平成六（一九九四）年か七年だったと思う。

秋田の子どもたちの学力は今でこそ全国トップクラスとされているが、当時は低いと言われていた。「小学生に微分積分をやらせてもいいんじゃないか」などと話し合いながらメンバーで問題を作ったんだ。答えに至るまでの考え方も詳しく書かせた。NTTとか東北電力とかに協賛してもらい、文房具などの賞品をそろえた。

秋田大学教授で日本を代表する算数・数学教育者だった湊三郎先生（故人）に審査委員長をお願いして、問題を作る段階から関わってもらった。コンクールは三年ぐらい続けたかなあ。

湊先生は平成三十年の県の文化功労者に選ばれ、その祝賀会に招いてもらった。先生はあいさつの中で算数・数学コンクールのことに触れ、「忘れられない思い出。ご臨席いただいている須田さんには感謝しています」とおっしゃってくれた。心に残る瞬間だ。

21委員会は秋田駅東口のアルヴェで見本市を開いたことがある。メンバーがブースを出して自社の製品やサービスを紹介した。

全国学力テストで好成績を収めてからは、県外の人から秋田の子どもたちの学力について言われることが随分と増えた。だが、進学で県外に行った子どもたちは多くが秋田に

1874年（明治7年）創刊　2007年（平成19年）10月25日　木曜日　（日刊）

秋田魁新報

本県学力トップ級

小6、中3とも好成績

全国テスト結果

文部科学省は二十四日、学年全員対象の調査として四十三年ぶりに今年四月に実施した「全国学力・学習状況調査」（全国学力テスト）の結果を公表した。公立校のみの都道府県別平均正答率で、本県は小学六年が国語と数学全四種類の問題で全国トップ。中学三年も国語の一種類で一位となったのをはじめ、全四種類で三位以上という好成績だった。都道府県…多い私立校を含めた都道府県別平均正答率が公表されていないため単純比較が難しいほか、ランク付けの意味を問う議論もあるが、県教育委員会は「学校、家庭、地域が協力した成果」ととらえている。文科省は、学校の序列化につながらないようにとの配慮から各校に自校の結果公表を委ねているが、…岸均県教育長は「各校長は自校の結果を保護者に説明した方がいい」との認識を示した。

（関連記事2、3、6面）

全国学力テストで本県がトップ級の成績だったと伝える平成19年10月25日付の秋田魁新報

帰ってこない。見本市には若い人たちに秋田の産業をアピールし、人口減の歯止めにつなげたいという願いも込めた。

母の死、声上げて泣く

平成九（一九九七）年五月五日、一年間の闘病生活の末に母テルが七十六歳で亡くなった。父の時もそうだったが、この時も臨終には間に合わなかった。駆け付けた病院の安置室で一人向き合い、声を上げて泣いた。

急逝した父の後を継ぎ、母は昭和三十六（一九六一）年に由利工業の二代目社長となった。自分が四十四年に帰郷して工場長になるまで会社を守った。

人の話をよく聞く人で、ぐいぐい引っ張るタイプではなかった。周りに気を使い過ぎて、気苦労も多かったはずだ。口には出さなかったが、東京で働く長男に戻ってきてほしいと思っていたんだろうな。

「田舎に帰って母親を助けろ」と帰郷を促した東京電気化学工業（現ＴＤＫ）は、工場長の自分を補佐する人材を由利工業に送ってくれた。母には「会社には来なくてもいい。家でゆっくりしていろ」と話した。五十二年には自分が社長、母は会長に。工場長時代から経営のことはほとんど自分が任されていた。

母の葬儀は西目町（現由利本荘市）の町民センター・シーガルで執り行った。前日の大雨が上がり、当日は晴天。母は町母子寡婦福祉会長、町婦人会長などもしていた。用意した五百席では収まらず三百人以上がロビーにあふれた。葬儀の模様を映像で流し、見送ってもらった。鳥海山を表現した祭壇は花で埋め尽くされた。

雪の鳥海山をバックに母と＝平成７年ごろ

悲しみとともに、父と母の分まで頑張らねばと闘争心が湧いた。携帯電話、ＰＨＳの移動体通信、パソコン関連、デジタルＡＶが好調で、由利工業もコンデンサーの増産態勢にあった。社の方針に「変革」を掲げ、品質保証の国際規格「ＩＳＯ９０００シリーズ」より厳しい「QS9000」の認証をいち早く取得、大幅な組織変更も実施した。

前の年には第六回ワールドゲームズの秋田開催が決まっていて、母の葬儀から程なく、大会準備委員会が運営母体の組織委員会に切り替わった。副会長の一人としてこちらの方も気合が入った。

秋田日米協会が復活

日本とアメリカの相互理解を深める民間の秋田日米協会が平成十五（二〇〇三）年に設立された。最初から会長を務めている。

協会は各地にあって、設立祝賀会ではハワード・ベーカー駐日アメリカ大使から「日本で二十九番目の日米協会設立を歓迎したい」とメッセージをいただいた。

当時の会員数は個人と法人を合わせて百三十。自分が入れと声をかけたわけではないのだが、21委員会の仲間も結構いた。前に21委員会が実施した国際交流事業「21の翼」で、訪問先のアメリカ・ミネソタ州の米日協会が熱く歓迎してくれたことが一因かもしれない。

秋田日米協会はこれまで、県内の外国語指導助手（ＡＬＴ）と県民との交流事業、チャリティーイベントなどを行ってきた。

二十二年にはうちの協会が主催して秋田で日米協会国際シンポジウムをやった。日本とアメリカ交互に、数年ごとに開く会議だ。日本開催は福岡、京都に続いて三回目。日米の協会員が大勢集まった。秋田の認知度アップに少しは貢献できたと思う。

この年、秋田日米協会とミネソタの米日協会が姉妹提携した。ミネソタ協会の名誉会長は元駐日大使のウォルター・モンデールさん。大使の頃から親交があり、調印式でミネソタを訪れた際に会うことができた。

実は秋田の日米協会は昭和三十年代からあったんだが、平成七年ごろから休眠状態になっていた。昭和四十年代初め、嘱託職員として東京の在日アメリカ大使館で働いていた縁で、自分は旧協会にも入っていた。東京時代、懇意にしてくれたアレクシス・

秋田日米協会の設立祝賀会で記念撮影（左端）。隣はアレック・ウィルシンスキー在札幌米国総領事＝平成15年

ジョンソン大使、デービッド・オズボーン公使のことは今も覚えている。

なぜ平成十五年になって協会を復活させたのか。最大の理由は国際教養大学が翌十六年、雄和町（現秋田市）に開学する予定だったから。教養大をはじめ、県内のアメリカ人留学生との交流は協会の事業の柱だ。

国際系大、検討委員に

秋田県の地形を見ると、長方形の一辺は海、残る三辺は山だ。人の流れが生まれにくい。昔は北前船で港が栄えたが、それも今はない。おまけに米代川、雄物川、子吉川の三大河川は上流から下流まで全部県内で完結している。川を通じて周りの県と交流することもできない。

経済活動を含めて地政学的に秋田の条件は厳しい。活性化のためには、全国から、世界から注目される何かが必要だと思っていた。

平成十二（二〇〇〇）年、国際系大学の基本構想案をつくる検討委員会の委員になった。秋田県電子工業振興協議会会長として指名されたんだ。

平成二年に開学した雄和町（現秋田市）のミネソタ州立大学機構秋田校（ＭＳＵ－Ａ）は経営難で十五年三月の閉校が決まっていた。その校舎を引き継ぎ、国際化推進の拠点として新たな四年制大学を設置しようというのが県の構想だった。

　ＭＳＵ－Ａが縁で秋田とミネソタの交流が盛んになり、自分が会長の21委員会も国際交流事業「21の翼」でミネソタを訪れた。育んできた友情や、ＭＳＵ－Ａが雄和にあったことで生まれた有形無形の財産を捨てるわけにはいかない。そんな気持ちがあった。他にはない大学ができれば秋田が注目されることにもなるし、構想には賛成だった。

　検討委員会は計六回。ディベート方式などアメリカ式の授業で国際社会に通用する実践力重視の教育を行う教育理念や、ＭＳＵ－Ａキャンパスを使うことなどをまとめた。検討委の議論以上に、構想に反対の県議会の自民党会派と、大学を設置したい寺田典城《すけしろ》知事は

国際系大学検討委の初会合＝平成12年5月、秋田市

じめ県当局の主張が折り合わなかったことが注目の的のようだった。

賛成の立場の自分は「県議会は何でやろうとしないのか」という怒りを覚えていた。同じく検討委員会の委員で、秋田商工会議所会頭の辻兵吉《つじひょうきち》さんと「何としてでも大学をつくらなきゃ」なんて話していた。

中嶋さん、議論リード

県が構想する国際系大学の理念や設置形態を議論した検討委員会が終わった。これでお役御免と思っていたが、引き続き、創設準備委員会の委員を委嘱された。カリキュラム編成や教員の募集方法、大学の運営方式など開学に向けた具体的なことを話し合う会議だ。

初会合は平成十四（二〇〇二）年三月。この年の一月、すったもんだの末に県議会が開学にゴーサインを出していた。

委員は元国連事務次長の明石康《あかしやすし》さん、東京外国語大学学長を退任したばかりの中嶋嶺雄さん、多摩大学名誉学長の野田一夫さんなどそうそうたるメンバー。準備委に助言する顧問会議には、湯沢市出身でニューヨーク大学教授の佐藤隆三さんがいた。

論客ぞろいの会議では聞き役に回ることが多かった。いつもがんがんしゃべる自分には珍しいことだ。

議論をぐいぐい引っ張ったのが、後に国際教養大学の初代学長となる中嶋さん。検討委では座長、準備委では委員長だったが、会議の進行役というレベルを超えて「日本にない、ユニークな大学をつくろう」と熱く語っていた。

在京の委員が多く、会議はいつも東京開催。二年にわたり十回以上あった。皆さん多忙で、毎回出席していたのは中嶋さんと自分ぐらいじゃなかったかな。あの東京外語大の前学長が田舎の大学のことでこんなに真剣になってくれている。彼の心意気を買わなくてはという気になった。

授業は全て英語、留学は必修、一年間の寮生活、幅広い教養の習得—。唯一無二の国際教養大学は十六年四月、雄和町（現秋田市）に開学した。全国から注目さ

開学後の国際教養大の会議で学長の中嶋さん（左）と

れ、びっくりするぐらい高い志願倍率でスタートを切った。

教養大がもうすぐ十周年を迎えようという二十五年、中嶋さんが亡くなった。残念でならない。教養大には中嶋さんの情熱を引き継いでいってほしい。自分も微力ながら応援していきたい。

経済界の期待大きく

構想段階から議論に加わった国際教養大学が誕生したのは平成十六（二〇〇四）年。十三年には第六回ワールドゲームズ秋田大会が開かれ、秋田―ソウル便が就航。秋田にも国際化の波がやってきたようだった。

教養大開学前年には秋田日米協会を復活させて、アメリカからの留学生と交流している。開学十周年の二十六年には、日米協会が主催して教養大でハナミズキの植樹式を行った。日米友好をさらに進めようというアメリカの事業の一環で、在日大使館の公使を招いて苗木を植えた。教養大を通じて友好の輪が広がればいいと思っている。

大学の運営について外部から助言する「トップ諮問会議」の委員も仰せつかった。何となく気恥ずかしいのだが、学内の多目的ホールは「須田ホール」と名付けられている。

ビジネスで英語を話せることは強力な武器になる。うちの会社でも海外からオーダーメードの加工機械を受注することがあるが、向こうの要望を聞くのにいちいち通訳を挟んでいたら時間がかかってしょうがない。

英語を話せるだけでは不十分だ。歴史でも文化でも宗教でも一般教養がないと相手にされないこともままある。教養大開学前から、経済界では語学と教養を兼ね備えた人材を求める声が非常に高かった。

若手経営者でつくった21委員会も、県が教養大の実現可能性を探っていた段階から早期実現を要望したことがあり、会員はそれぞれ個人でも教養大を応援している。佐野元彦さんは現在、教養大の理事。三浦廣巳さんは大学を物心両面で支援する「サポーターズクラブ」会長だ。

日米協会主催の植樹式(右から2人目)。左から2人目は在日米国大使館のマーク・ディビッドソン公使

教養大は令和六（二〇二四）年で二十周年。四年間は決して長いわけではないが、学生は英語力と教養をしっかり学び、国際感覚に優れたリーダーになってほしい。工学部出身の自分としては、英語が話せるエンジニアが増えることを期待している。

「まず行動」、実践の二十年

秋田の活性化を目指して県内の若手経営者らでつくった「21委員会」。平成二十二（二〇一〇）年四月二十二日、三冊目となる提言集『秋田をこう変えよう！！　PART3完結編』の出版記念パーティーを秋田市で開いた。

パーティーに先立って開催したのが21委員会の解散総会。平成三年にスタートした21委員会は約二十年の活動を終えた。

人口減少や県民所得低迷は設立当時も秋田の課題だった。二十一世紀を迎えるに当たり、秋田を何とかしたいとの思いから21委員会はできた。活動期間は最初から、世紀の変わり目の前後十年間、計二十年と決めていた。

提言集の刊行をはじめ、子どもたちが世界に目を向けてくれることを期待した国際交流事業「21の翼」、シンポジウムの開催など積極的に行動してきた。第六回ワールドゲームズ秋田大会では誘致、開催の原動力を担ったと自負している。

何かをするにはスピードが大事だ。あれこれ考えず、まずは行動することだ。間違いに気付いたらその都度修正すればいい。スタートが遅れた上に進む方向が誤っていたりしたら最悪だ。圧倒的な遅れになってしまう。二十年間の活動を通じて、危機感を持ってとにかく動かなければならないということが県民に伝わったのなら幸いだ。

学歴じゃなくて学力だ、体格じゃなくて体力だ、人間の差は努力の差だ—。自分の口癖で、うちの社員にも、こう気合をかけている。21委員会のメンバーにも会長として、こんなふうにげきを飛ばして事業を進めてきた。みんな会社に戻れば社長だ。びっく

20年の活動に終止符を打った解散総会＝平成22年、秋田市

りしただろうな。自分のペースによく付いてきてくれたと思うよ。

副知事の池田竹二郎さん、板東久美子さんら行政の人も21委員会に入ってくれて、いろいろご教授いただいた。

今思えばあっという間の二十年だった。五十代から六十代にかけて自分にとっては人生の旬ともいえる充実した時間だった。

■今も「世のために」

県立大誕生へ十億円

秋田市雄和の国際教養大学開学に向けた議論に参加したことは既に話したが、実は大学の誕生に関わるのはこれが初めてではなかった。県立大学だ。理工系のシステム科学技術学部が平成十一（一九九九）年、本荘市（現由利本荘市）にできた。隣接する本荘由利産学共同研究センターを支援しようという募金集めに平成九年から携わったんだ。

若者が地域に定着するには製造業が元気でなくてはならないというのが持論だ。そのためには理工系の人材を育てる教育機関が必要と思っていた。ものづくりの会社が集まる本荘由利地域は全国一の工学都市になるのも夢ではないとよく周りに話していた。県立大の構想が持ち上がり、本荘由利をはじめ県内各地が誘致合戦を繰り広げていた。

〈平成八年、県は県立大の秋田市への集中設置方針を転換、秋田市と本荘市への分散設置を決定。本荘設置の条件として地元に産学共同研究センターの開設を求めた〉

秋田市には平成七年に秋田公立美術工芸短期大学（現秋田美大）が開学したばかり。市の負担も結構大変だろうと思っていた。県が方針転換する前、市長の石川錬治郎《れんじろう》さんに直接そう話したこともある。

いずれにせよ念願の理工系大学だ。募金集めにも気合が入ったね。募金活動をする官民一体の「本荘由利科学技術研究振興会（科研振）」が平成九年六月にできた。自分は会長に選ばれ、目標額は十億円に決まった。

祭りの経費を集めるために奉加帳《ほうがちょう》を回すのとは訳が違う。まずは各業界の長に「ちょっと話がある」と声をかけた。建設、電子、電気、アパレル、部品、自動車…。目的もろくすっぽ言わなかったのに、不思議とみんな集まってくれた。そこで大学の必要性を訴えて協力を願った。

本荘の町内会長懇談会で募金への協力を要請＝平成10年2月、本荘市の石脇公徳館

本荘市の町内会長の集まりにお邪魔して、「県立大学からいろいろな夢が育まれる。そのためには〝応援団〟が必要」と頭を下げたこともある。

募金活動、目標を突破

県立大学本荘キャンパス開設に向けた募金十億円のうち、四億円は本荘由利地域の十一市町から、残る六億円は民間から集める腹づもりだった。地域内の各業界に目標額を割り当てたりして初めは順調だった。

ところが次第に集まらなくなってきた。市役所や企業から集まった科研振のスタッフは頑張ったが、世の中の景気は低迷。科研振内は「目標までなんぼ足りない」という話ばかりだ。ちなみに平成十（一九九八）年の流行語大賞では「日本列島総不況」がトップテン入りした。

潮目が変わったのは十年七月。本荘市（現由利本荘市）の三光不動産から一億円の寄付があったんだ。社長の岩本竜大《りゅうだい》さんは当初から募金への協力を約束してくれていた。直後にＴＤＫ顧問の山崎貞一さんも一億円を出してくれた。昔から世話になっていた。

自分が苦労していることをどこかで聞いたのかもしれない。ある日会社に来て、「僕が一億出すよ」と言うんだ。山崎さんが亡くなったのはこの年の十一月。あの時、「身辺を整理している最中だ」とも話していた。自分の体のことを知っていたのだろうか。

三光不動産と山崎さんの寄付は本当にありがたかった。足かけ四年の活動で集まったのは十億五千万円余り。目標クリアだ。十二年十一月に開いた「目標達成報告総会」では、安堵《あんど》と達成感でいっぱいだった。協力いただいた全ての人に感謝したい。

県立大は十一年に開学。二十五年近くたち、うちでも県外出身の本荘キャンパス卒業生を十

目標達成報告総会で募金活動の結果を報告＝平成12年11月、本荘文化会館

人ぐらい採用している。

コロナ禍以降休んでいるが、県立大と由利本荘市役所幹部の勉強会も開催。会場の名前から「小園会」と称し、県立大を生かしたまちづくりなどを話し合っていた。地域活性化へ、県立大はもっともっと存在感を示してほしい。地域も学生たちをさらに応援していきたい。

室内オケ、企業が支援

クラシック音楽が好きで、車で移動するときにかけるのは大概、モーツァルトだ。子どもの頃、母が本荘町（現由利本荘市）で幼稚園の先生をしていて、幼稚園の隣の教会でオルガンをよく弾いていた。クラシック好きは母の影響かもしれない。

ある日、秋田市のアトリオン館長の伊藤千鶴子さんから声をかけられた。開館五周年記念に、企業や経営者の会費で運営するオーケストラをつくりたいという。団員は秋田在住か、秋田にゆかりのある人。「弦楽不毛の地」とも言われた秋田にクラシックが根付けば面白いと思った。

団員のオーディションを経て、アトリオン室内オーケストラ（ACO）は平成六（一九九四）年にアトリオン音楽ホールでデビュー。自分は運営団体のACO協会の副会長になった。

協会の会員は年十二万円の会費を納め、ACOは年二回の定期演奏会を開く。NHK交響楽団のコンサートマスターだった徳永二男《つぎお》さんを客員奏者に招くなど充実したステージが続いた。

定期演奏会が評価され、平成九年には東京・お茶の水のカザルスホールから特別演奏会出演を依頼された。千屋村（現美郷町《みさとちょう》）生まれで東大大学院教授だった佐々木毅《たけし》さんも聴きに来ていた。夜遅くまで、打ち上げにも付き合ってくれたっけ。

だがＡＣＯは二十二年、活動休止を決める。運営費不足だ。景気の影響もあって、多いときに百三十近かった会員数はどんどん減った。地元の団員が思うように集まらず、客員奏者を招く経費の負担も膨らんでいたんだ。

休止とはいえ、事実上の解散だ。だが、ＡＣＯからは演奏家が何人も巣立った。若手が技術を磨く場でもあり、存在意義はあったんじゃないかな。

ＡＣＯのデビューコンサート＝平成６年８月

今はベルリンフィルだってウィーンフィルだって、スマホさえあれば演奏を聴き、見ることができる。でもホールの生演奏は全く違う。だからACOは残したかったが、財務状況を考えれば仕方なかったと思う。

師と仰ぐ慎太郎さん

仕事やいろんな活動を通じて多くの人とのご縁に恵まれた。政治、経済、スポーツ、芸能とそれぞれの分野で活躍する著名人も少なくない。その中で一番に挙げるとしたら、令和四（二〇二二）年に亡くなった石原慎太郎さんだ。

最初に会ったのは確か、昭和五十九（一九八四）年ごろだ。西目町（現由利本荘市）の由利工業にやって来た。完成したばかりの最新鋭の工場を見たいと、誰かの紹介で視察に来たんだ。

せっかくなのでカニの刺し身をごちそうした。慎太郎さんは「うめーなー。こんなにうまいもの食ったの初めてだ」とお代わりしていたな。あの時は蚶満寺《かんまんじ》や酒蔵の飛良泉も案内した。

以来、東京に行くとたまに会うようになった。都知事選に出たときは応援しに行った。

選挙事務所に顔を出すと「東京世界都市宣言」って書いたジャンパーを着せられた。

神奈川のゴルフ場「スリーハンドレッドクラブ」で一緒にゴルフをしたことがある。その日はたまたま「石原軍団」の人たちも来ていた。昼飯の時、神田正輝さんや舘ひろしさんが「ご無沙汰しております」と慎太郎さんにあいさつしに来た。裕次郎さんが亡くなった後だった。

石井企業グループの石井雄光さんたち県内経済界の先輩と「一秋会」という会をつくったことがある。「秋」は秋田の秋、「一」は農林大臣などを務めた中川一郎さんから一文字をいただいた。

別に政治活動をするわけではなく、慎太郎さんが好きな人で結成した飲み会だ。同じタカ派の政治家

都知事執務室で慎太郎さん（左）と＝平成13年ごろ

として慎太郎さんと中川さんのつながりは深い。中川さんは自分も好きだった。

慎太郎さんは勇猛果敢な人間であるだけでなく、知性あふれる男だった。そうでなければあの若さで「太陽の季節」なんて書けるわけがない。話してくれたこと全てが勉強になった。生前、自分のことを「得難い友人」と言ってくれていたそうだ。自分は勝手に師と仰いでいる。

二足のわらじで奮闘

県内若手経営者の21委員会、業界団体の秋田県電子工業振興協議会（電振協）、設立二十周年を迎えた秋田日米協会―。いろんな団体の先頭に立ち、仲間と数多くの取り組みをしてきた。

秋田のためにという一心だったが、企業経営という本業をおろそかにはできない。二足のわらじを履いて遮二無二走った。

自らの金と能力で何かをするのは家業。出資者の金と社員の能力を生かし、事業を大きくするのが企業だ。任せるべきところは部下に任せ、責任は自分が取ればいい。そう思うと会社の外の活動にも真剣になれた。

それでも時間が取られることは事実だ。忙しい盛りの頃は、部下たちに随分難儀をかけた。感謝しなければならない。

電子工業は景気に左右される。テレビが売れなくなれば、部品は必要なくなる。輸出もするから為替の影響は大きい。新しい技術も貪欲に取り入れなければならない。

由利工業やグループ会社の歩みも順風満帆ではなかった。減産や人員整理を余儀なくされたこともある。安穏としていたことは一度もない。航空機部品など新たな分野へのチャレンジもしている。

平成二十四（二〇一二）年に由利工業社長を退任、会長になった。新社長は長男の哲生。関東で大学時代を過ごし、アメリカにも留学した。その後、機会を得てTDKで修業を積んだ。能力はあると判断した。

二十七年には由利工業とグループ会社を持ち株会社化して「YURIホールディングス」を設立した。組織の効率化や生産性

由利工業社長の長男哲生（左）から勤続50年の感謝状を贈られる＝平成31年4月

向上を目指す哲生の発案だ。次男の浩生にはホールディングス傘下の秋田精工、横手精工を任せている。兄弟で会社をもり立ててほしい。

三十一年四月、由利工業の永年勤続者の一人として五十年勤続表彰を受け、哲生から感謝状を受け取った。「都落ち」の気分で東京から西目に戻って半世紀。思い出すことがいっぱいあって感慨深かったよ。

やれる何か、今も探す

由利工業の社長を辞めて会長になり、今は相談役。グループ会社でも、もう一線を退いた。由利工業など五社の持ち株会社「YURIホールディングス」での肩書は会長だ。

経営は息子たちやそれぞれの会社の役員に任せているとはいえ、毎日出社している。全体ににらみを利かせているつもりだが、周りからは口やかましいと思われているかもしれないな。

仕事ともろもろの活動を通じて感じたことがある。若い人たちにあえて言わせてもらうなら、声は小さいより大きい方がいい。必ずその声にリアクションがあり、物事は動き出すんだ。

息子二人には、父親が歩んできた道は決して手本でないと言いたい。組織を引っ張るときにひるんでいては何もできない。意思決定を自ら潔く何回もやれば、知らないうちにオーラが生まれるものだ。存在感のある人間になってほしい。

平成十七（二〇〇五）年、頸椎《けいつい》のヘルニアで人生初の手術を受けた。六十五歳の時だ。首が痛くて診てもらったら、頸椎が損傷していた。手術の後、ゴルフはできなくなってしまった。

その後も膝靭帯《じんたい》や大腸憩室の損傷、腰の痛み、白内障などで手術が続き、秋田大学医学部付属病院のお世話になった。若い頃に体を鍛え、体力に物を言わせて突っ走ってきたから大病なんて思ってもみなかった。これまでの無理がたたったんだろうな。

自らを高めようと半端じゃないほど人との付き合いを大切にしてきた。入院したことで医療関係の人脈はさらに広がった。秋大医学部の四十周年式典では病院長との記念対談も

一線を退いた今も毎日出社している＝令和5（2023）年9月、由利工業

頼まれた。

入院するたび、自分がやってきたことは正しかったのかと、ベッドで自問した。立ち止まることがなければ進歩はない。八十三歳の今も、これまでを振り返りながら、世の中のために何かやれることがないか探している。

いろいろあった半生を語らせてもらった。皆さんの健康を祈り、これで終わりとする。

付録

友人のマーク・ブラウンさん（右）とカリブ海で釣り＝昭和55年ごろ

選挙応援で訪れた鹿児島県・徳之島で講演。約6千人が集まった＝昭和58年12月

秋田県電子工業振興協議会の海外視察でドイツへ。シーメンス社などを訪れた＝平成３年６月

日本銀行秋田支店長を務めた井上謙吾さん（右）と＝平成４年１月

東海大の後輩で元日本航空パイロットの宮崎邦夫さん(右)と。アメリカ・カリフォルニアのパイロット養成学校で記念撮影＝平成4年1月

21委員会が出した書籍『秋田をこう変えよう』の出版記念パーティー＝平成5年ごろ

横手精工でのＶＨＳ生産風景＝平成6年3月

ワールドゲームズ秋田大会の招致委員会会合＝平成8年ごろ

ブルガリア・ソフィア大学での講演＝平成８年９月

平成26年度の由利工業永年勤続者表彰＝９月

秋田銀行の頭取を務めた新谷明弘さん（右）と＝平成29年1月

バイクで自宅を訪問してくれた北都銀行顧問の冨岡行介さん（右）と＝平成29年ごろ

あとがきにかえて

秋田魁新報社のご厚情によって、令和五年に新聞連載、令和六年はそれをまとめた書籍を発行できた。衷心より感謝申し上げるものであります。

昔から「『資源のない国』は知恵で勝負」と言っていたが、今それはどこに消えたのか?連載が始まって多くの皆さんからいろいろな意見をいただいた。

「ものづくりの日本」と言われ、戦後、製造業が取り組んだのがQC（Quality Control＝品質管理）あるいはIE（Industrial Engineering＝生産工学）活動だった。「良い物をいかに安く」が今では当たり前の話だ。現場がそれでは採算が取れないということで、「いかに早く」を入れた。それが現在の生産管理の基礎になっている。

「時代を語る」はまさに戦中、戦後を通して小職の歩んだ道そのものだ。記事によって前後はあるが、夢中になって秋田のリーダーになり、更に新たなリーダーを育てた時代は、無我の境地そのものだった。テレビ対談や討論会などで遠方まで出向き、さまざまな課題について各地の論客や経営者仲間と議論したことは、今でも強く印象に残っている。

脱炭素社会の創造、ＡＩの進化などに貢献する半導体・電子部品はこれから光が当たる産業だ。若い人の英知はこれからだ。「これからの日本は自分たちが主役だ」との想いを強く持って「前へ、前へ」と歩んでほしい。読者の皆さんや今日まで自分を支えてくれた家族、社員の皆さんに感謝申し上げ、御礼といたします。

令和六年七月

ＹＵＲＩホールディングス株式会社　取締役会長　須田　精一

多逢聖因　人と交わってこそ

発　行　日　2024年8月10日

発　行　人　佐川 博之
編集・発行　株式会社秋田魁新報社

〒010-8601 秋田市山王臨海町1-1
Tel.018(888)1859
Fax.018(863)5353

定　　　価　880円（本体800円＋税）
印刷・製本　秋田活版印刷株式会社

乱丁、落丁はお取り替えします。
ISBN 978-4-87020-440-9　C0223　¥800E